Este BOLERO para mi
querida amiga María y
José en una tarde bonita
y disfrutando de vuestro
maravilloso hogar. Con el
cariño y la amistad de

Luzmaría

BOLERO
Primera edición: Enero 1993
Derechos reservados para España:
Ediciones Torremozas, S.L. Madrid

ISBN: 84-7839-111-8
Depósito Legal: M. 1.324 - 1993
Impreso en Gráficas Dehon
La Morera, 23-25. Torrejón de Ardoz (Madrid)
Compuesto en: AL, Servicios Empresariales, S.L.

EDICIONES TORREMOZAS, S.L.
Apartado 19.032. Madrid
Teléfono: 350 50 27
Fax: 345 85 32

LUZMARÍA JIMÉNEZ FARO

BOLERO

EDICIONES TORREMOZAS
Madrid, 1993

LUZMARÍA JIMÉNEZ FARO ha creado y dirige Ediciones Torremozas. Tiene publicados los siguientes libros:

Poesía:

Por un cálido sendero (Madrid 1978).
Cuarto de estar (Alicante (1980). Prólogo de Manuel Molina.
Sé que vivo (Madrid 1984).
Letanía doméstica para mujeres enamoradas (Madrid 1986). Prólogo de Carmen Conde.

Otras obras:

Carolina Coronado: Apunte biográfico y antología, en colaboración con Antonio Porpetta (Madrid 1983).
Panorama antológico de poetisas españolas (siglos XV al XX). Prólogo de Florencio Martínez Ruiz. Este libro obtuvo una ayuda a la edición del Ministerio de Cultura (Madrid 1987).
Ernestina de Champourcin: Antología poética. (Prólogo y selección). Premio Euskadi de literatura en castellano 1989. (Madrid 1988).
Breviario del deseo. Poesía erótica escrita por mujeres. (Madrid 1989).
Delmira Agustini, manantial de la brasa. (Madrid 1990).

Para mi hija Marta, mujer de su tiempo
que ama lo que perdura.

Nada hay tan evocador como la música. La música y los olores vienen a desordenar los cánones establecidos de nuestra vida cotidiana. Nuestros recuerdos sólo necesitan un impulso, una pequeña llamada para salir de su recinto. Oímos una música y los dormidos recuerdos se levantan, cogen sus velones con diminutas lenguas de fuego y empiezan su procesión de abismos. Nunca podremos defendernos. Oímos una música y, sin previo aviso, los recuerdos nos tomarán al asalto.

Fuimos la generación del *bolero*. Nada entonces tenía tanto valor como el espacio y el tiempo que nos envolvían con su cadencia. Podíamos respirar su sonido y con su extraña magia nos iniciaba en todo lo más hermoso de la vida. Arma inconsciente y peligrosa que nos hizo perder todas las guerras, manejándonos con su juego sensual y apocalíptico. Oímos un bolero y nos invade la memoria la sensación segura de haber sido tan jóvenes. Oímos un bolero y sigue viva la pasión de entonces. Oímos un bolero y ni siquiera necesitamos usar la imaginación. Aquellos momentos se hacen presentes en toda su intensidad y nada queda detrás del tiempo. Una nueva ebriedad nos ciñe el alma, y la vida humanamente agradecida a su caliente son, une la fragmentada historia de unos años para ofrecérnoslos con todo su vigor, en una música.

Pero el bolero no es sólo música. El bolero tiene letra. Conocen sus palabras el arte de la seducción y la belleza. Tiene palabras como viento, como lluvia. Palabras como miel y como rosas. Palabras como frutas. Palabras que cantan a la pena, que cantan a la ausencia. Palabras rencorosas y perversas. Palabras como lágrimas... Palabras...

Y el bolero tiene voz. Sea este libro mi recuerdo y agradecimiento a Lucho Gatica, Antonio Machín, Olga Guillot, Los Panchos, Nat King Cole, Pedro Vargas, Lorenzo González y a tantos otros que hicieron mágicos con sus voces nuestros momentos de amor, alimentaron nuestros sueños y nos enseñaron el camino de la ternura.

Luzmaría

Cuando estoy contigo
no cambio la gloria
por la dicha grande
de estar en tu historia.

Madrid era la luz y la penumbra en los años sesenta. Era tan solamente luz su pavimento para aquellos zapatos primeros de tacón. Perder un poco la ciudad ha sido perder nuestra niñez y nuestra adolescencia. Íbamos a las Cuevas de Sésamo para jugar al existencialismo, pero entre vaso y vaso, jamás nos encontramos con Julietta. Las calles son ahora como espejos oscuros que nos devuelven imágenes que no nos pertenecen. Que extrañamos. Pasan los autobuses y parece que nadie viaja en ellos. Son forajidos transportando cargas de soledad. Buscamos aquel viejo café donde entregábamos los sueños a la vida, y tan sólo encontramos un pulso de rencor entre unos muros que ya no son los nuestros. Pero uno muere y resucita tantas veces como sacude la memoria al corazón. Y cada ausencia, cada sombra, tiene su propio nombre en esta geografía urbana.

Madrid es ahora una ciudad enorme donde el miedo, la droga, el semen y las ratas cohabitan en la imperfecta noche, para luego, sin perder el zapato de cristal, vestirse de fulgurantes rasos. Y en esta situación de límite amanecemos. Y la ciudad y yo nos encontramos como viejas amigas. Nos amamos con todos los defectos. Juntas tomamos un café y seguimos organizando fechas en la agenda común. Comentamos los ya primeros brotes de los árboles que la hacen tan hermosa en primavera y que el batir de alas no es vuelo de palomas, sino de arcángeles que en la ciudad habitan:

Ansiedad de tenerte en mis brazos
musitando palabras de amor.
Ansiedad de tener tus caricias
y en la boca volverte a besar...

Era la piel un canto de cigarras, un terreno baldío, despoblado a la espera de aladro. La saliva vagaba ácida entre los dientes vírgenes, tan sólo usados en la procacidad ingenua de las frutas. Sabíamos que nacimos para el beso y que en cualquier momento nuestra infancia sería una pequeña niña embalsamada entre flores y cirios. Cuidaban nuestras madres el mínimo detalle: nuestras faldas, las trenzas bien sujetas, los tímidos escotes cuajando ya los codiciados pechos, y las exactas horas de llegada. Pero su voz seguía imperturbable lamiendo nuestro oído: *ansiedad de tener tus caricias*... y en un terrible gesto delictivo buscamos otros labios en el rincón oscuro del guateque.

Ódiame por piedad, yo te lo pido,
ódiame sin medida ni clemencia.
Odio quiero yo mejor que indiferencia,
porque solamente se odia lo querido.

Querida Olga: tu voz como una algaida contaminaba nuestros corazones y tu boca nos invitaba al odio. Desconocíamos esa feroz pasión multiplicada en víboras porque era nuestro tiempo un sistema solar para la vida. Palabra por palabra sobre la piel caía como un sudario en llamas todo el odio. Todo el odio que puede acumular aquel que ha sucumbido al amor y al filo de su sueño se derrumba todo un volcán de sangre. Pero tu voz seguía como un diluvio ebrio golpeando los tapiales de nuestra adolescencia... aunque no comprendíamos.

Después... odiar. Saber odiar ha sido tan simple y tan normal como vivir, pues ya la vida como una vieja puta nos enseñó a beber en los cálices negros el zumo genital de los chacales. Mas como tú avisabas había algo peor: la indiferencia. Ella es copa de escarcha que la sangre agria y gota a gota va quemando el alma. Y borra la ternura y a la comprensión levanta oscuros muros y a la esperanza con obstinadas sombras amuralla. Anega la inocencia de cenagosas aguas, constriñe la alegría entre escombros de pena. Y no hay cielo ni infierno, sólo cirios que alumbran los despojos de los siete pecados capitales.

Hoy mi playa se viste de amargura
porque tu barca tiene que partir
a buscar otros mares de locura:
cuida que no naufrague tu vivir.

Para contar cualquier historia vieja. Para que el tiempo reconozca que sangre, o grito, o verso es vida. Para decir tu nombre y no caer en un proyecto de monotonía. Para que las flores de Baudelaire encuentren esa capacidad de asombro y abrir al hombre a una memoria compartida. Para que las palabras que evitan desangrarse pierdan esa solemnidad de pompas de jabón. Para que este dolor de piedra y ala que se alza desde el pecho hasta la luna encuentre la cicatriz precisa. Para que este miedo con percusión oscura de campanas se seque al sol. Para que esto y aquello no se nos vuelva añicos, debemos usar algo la locura.

Detesto a las abejas desde niña porque jamás poseerán los mares.

... Y así hasta la eternidad
te sentiré.
Yo sé que estoy ligado a ti,
más fuerte que la hiedra.

A Leopoldo de Luis

Hablan de ti. Voy subrayando algunos textos:

Hierro, encadenado está en las lianas del ritmo. Para Brines eres un acto de intensidad. Leopoldo de Luis respira por tu herida. Rosales quiere iluminar la conciencia de su tiempo. A Luis Antonio le interesas como placer. Eres la medida exacta de la iluminación para Porpetta. García López ama tus palabras vivas. Para Gerardo, la luminosa sombra divina del hombre. Carmen te advierte como fertilidad de río y Rafael Morales quiere sentirte con la ternura de Lope, pensarte con la tensión dramática de Quevedo y decirte con la hermosura de Góngora... Goytisolo nos dice que somos los poetas las viejas prostitutas de la historia...

En el principio ella ya estaba y dijo: creced y multiplicaos... y soportaron todas las inclemencias y sólo unos pocos sobrevivieron. Ella, como una hiedra de luz, les habitó vivos y muertos y los hizo eternos.

Oh, poesía: no te detengas nunca, lanza siempre tu metralla de sueños y déjanos vivir contigo a solas.

Esta tarde vi llover,
vi gente correr
y no estabas tú.
El otoño vi llegar,
al mar oí cantar
y no estabas tú.

Ellas, que siempre me han hablado de otoños, están más cerca ahora de mi vida:

Delmira: Largas ráfagas frías arrastraban chirriantes las hojas amarillas.

Juana: Y es cada cosa un avizor oído que se alarga atisbando la tormenta.

Julia: Soy diluvio de duelos, todo un atormentado desamparo de lluvia.

Alfonsina: ¡Y corrieron las horas! Tiempo móvil que arrastras con las cosas más amadas.

Violeta: Ahora es otra fecha y empieza a galopar sólo el granizo.

... Y el otoño vi llegar, y sí estabas tú.

Muñequita linda
de cabellos de oro,
de dientes de perla,
labios de rubí.

Alguna vez leí que hubo una mujer de seda. Con las piernas de seda. Con los brazos de seda. Con el vientre de seda... Tal vez tendría en su sexo de seda una góndola de oro para surcar tibios mares de esperma sin destino.

Recuerdo a Marilyn. Tengo delante la taza de café y hay humo. De entre el humo ella avanza en el vértigo. Es la más rubia. La más suave. La de dientes más blancos. En sus ojos se asoma la inocencia y la lujuria, y es el vértice de la seda y la fiebre. Lleva un sudario blanco tan ceñido que aún advierto sus pechos. No necesita regresar del frío. Y sin embargo hubo un tiempo de hombres sin ternura estrechando sus venas, hasta dejarla en un sueño de ópalos dormida. Pero ella nos invade como una hiedra en celo y cada día nos vence la victoria total de su memoria.

Hubo una vez una mujer de seda...

Se vive solamente una vez:
hay que aprender a querer y
a vivir...
hay que saber que la vida
se aleja y nos deja
llorando quimeras...

De este talado tránsito del que nunca podrás volver sobre tus huellas, lo verdaderamente útil es el tiempo. Tal vez nunca ha tenido buena prensa por aquello de desgastar la piel y restar a los cuerpos el sabor de las frutas, la miel y la armonía. Tal vez sea posible que con las prisas llenándonos de acíbar, olvidamos invitarle a café y darle ánimos porque es de uso común y no cotiza en bolsa.

Si lo aceptas, y le hablas de ti, porque es tu sed su sed y escribís juntos ese diario íntimo que no es cadena sino ruta de la memoria adentro y no le humillas, ni le deshabitas, pagará con largueza cuanto ansíes.

Yo ya le abrí la puerta de mi casa y le ofrecí la mecedora de mi madre.

Niña: dime de amor lo que sientes,
di si es verdad
o es que mientes,
dime si sabes amar.
Habla, que hablando
el mundo se entiende...

Entonces qué sabíamos. Tan sólo era un camino cuesta abajo desbordado de risas y libélulas. Nadie enseña a cortar los racimos de la primera y mágica vendimia. Descubrir el amor en su pura inocencia era languidecer sobre la espuma, mientras dentro relámpagos de luz inoculaban el arte de la seducción. Teníamos sensación de zozobra, la emoción inestable y acaso la osadía de sabernos clamor de la serpiente y la manzana. Mujeresniñas investidas por el primer deseo. Oíamos, en su versión primera, palabras tan antiguas que como vino poderoso abrían venas, encendían tactos y los cuerpos quedaban estremecidos ya por la ternura.

¿Decir si era real lo que sentíamos? No. No era mentira porque era múltiple la crecida ilusión de enamorarnos. Ahora, en la autumnal crecida, cuando el amor es tan cierto y tan seguro y en todas las paredes de mi casa figura solamente un nombre, me gusta recordar cuando la enagua cubríase tan solo de luciérnagas.

A través de las palmas,
que duermen tranquilas,
se arrulla la luna de plata
en el mar tropical...

Y nos llegó la hora de bailar. La música caía como lluvia agitada y un mar en nuestros muslos acentuaba el vértigo. Llegó la savia nueva con un ritmo de trópicos y germinó en la piel. Olvidamos la sarga y la estameña y nos cubrimos ágiles con la encendida pulpa del tamarindo.

Tanto tiempo disfrutamos de este amor,
nuestras almas se acercaron tanto así,
que yo guardo tu sabor
pero tú llevas también
sabor a mí...

Ahora, cuando los días cuentan y pesan como piedras de trilla y preparan para la última molienda el corazón, te digo que sigue tu sabor sobre mis labios con esa misma fuerza de la primera vez que nos besamos en la última fila de algún cine. Recuerdo el cine: era de aquellos de dos películas y Nodo para estudiantes pobres y muchachas que soñaban con ser la Kim Novac de cualquier Picnic. ¡Qué vulnerable el corazón entre las sombras de un patio de butacas!

Igual que una semilla, el primer beso crece y se multiplica piel adentro. Y sucede, a veces, que ese roce se va enredando por el alma y sube y se descuelga y estalla en el cristal del pecho para jamás salir, porque no tiene otra consigna que habitarnos.

Después, cuando el perfil herido de los labios sea palio del último suspiro que decapite la última palabra, gota a gota, me iré desdibujando y quedará tan sólo tu sabor y mi nada.

Nosotros,
que nos queremos tanto,
debemos separarnos;
no me preguntes más...
Y en nombre de este amor,
y por tu bien,
te digo adiós.

Nunca decir adiós. El amor no es sólo húmeda punta de lengua, ni sábanas de arena que acumulan la sed de los desiertos. Ni el borde del placer desgasta el contenido de las horas fúlgidas. La osadía del éxtasis. La juventud antigua y no perdida. Porque en cada puñado de sueños se renueva la sangre. Y todo huele a nuevo. Y se edifica. Tampoco es obligado despedirse cuando el cuerpo camina entre lirios oscuros y la tierra se nos vuelve *nodriza*.

Es, si se prefiere, una regla social. El gesto como un vuelo. El entreabierto pétalo de una lágrima. El vaho de la distancia. Una intemperie.

Nosotros, los que amamos por encima del círculo y la llama y vestimos con clámides de lunas para cubrir tan sólo el corazón ¡tan solo! No comprendemos ese término asesino que cierra la esperanza de las rosas.

Pintor nacido en mi tierra
con el pincel extranjero,
pintor que sigues el rumbo
de tantos pintores viejos.

... píntame angelitos negros.

Pintor nacido en mi tierra. Y qué más da qué tierra. No hay fronteras para ahuyentar conjuros y es que el dolor es unitario en este vasto imperio de la pena. *Con el pincel extranjero*. Nada es ajeno, nada es extraño en la provocación de la belleza. *Pintor que sigues el rumbo*. ¿Dónde la brújula perfecta? *Aunque la virgen sea blanca*. Y en esta lentitud de siglos aún nos acercamos a la tibia visión de la pureza, a su matriz de luz.

Pero de la canción de Eloy Andrés Blanco, ese grande cantor de Venezuela, poeta de la negritud, falta un rumor de alas: *Sus ángeles catires. Sus ángeles trigueños. Sus angelitos indios. Sus ángeles morenos. Su ángel de perla fina. Su ángel de medio pelo*... y todos comiendo mango por callecitas del cielo.

Río Piedras, P.R. 1991.

Mujer, mujer divina:
tienes el veneno que fascina
en tu mirar.
Mujer, alabastrina:
eres vibración de sonatina
pasional.
Tienes el perfume
de un naranjo en flor...

Mujer: un tanto cursi le quedó esta canción a Agustín Lara. Qué duda cabe que nos sigue gustando ejercer el arte de la fascinación. De todos modos, ya no somos las mismas. Hemos crecido desde dentro y aunque seguimos amando con ternura a nuestros hijos, ordenando la ropa de la casa, extendiendo el mantel y repartiendo el pan, ya no somos las mismas.

Nos hemos hecho palabra transitiva. Cítara propia. Verbo irregular y nómada. Objeto humano y tálamo redil. La habitación vamos poniendo en orden: aquí el amor, allá la inteligencia. Las rosas en la mesa. Un pájaro que canta. Cortinas y cojines. Todo en orden. Como si nada nos hubiera sucedido.

Nadie comprende lo que sufro yo;
canto, pues ya no puedo sollozar;
solo, temblando de ansiedad estoy:
todos me miran y se van.

La soledad, esa mujer a la deriva que a todos nos visita de forma extraña y desigual. Aparece por el fino borde de la hoja de papel, o por la puerta grande de la sala, o a veces en el metro entre tantas cabezas y entre tantos ojos que miran, y sin ver se van. La soledad está tan despiadadamente sola aventando campanas de los muertos y tan amada está por los suicidas que los recubre de todo su esplendor. A Pessoa su soledad le lleva hasta el poema y la Piaf que tenía una cripta de pájaros, nunca vio su soledad vestir de rosa. Pero la soledad avanza sin ser vista, su frialdad recubre las edades del hombre anegando sus límites y espera inmóvil al pie de los cipreses su rendición total.

P.D. Y me pregunto, Dios, si no pudiste rectificar la historia de los hombres, después de oír el grito de otro hombre terriblemente solo clavado en una cruz.

Reloj: no marques la horas
porque voy a enloquecer;
ella se irá para siempre
cuando amanezca otra vez.

Para ti, compañero de todas las horas.

Reloj: Alimaña con ejes, rubíes, espirales y hasta con un tic-tac de corazón; mas no percibe nunca los sonidos del alma.

Horas: Brazadas de palomas en vuelo. Bisturíes cortando las cintas plateadas del tacto y de la carne. Miel rezagada que cae sobre los muslos. Negrura atormentada de las noches. Té de las cinco. Damas que te reflejan en los espejos cóncavos y en los convexos. Monjas sobre reclinatorios. Lenguas bisexuales. Rasos y tules para vestir tu boda. Vientres encinta y en silencio. Babosas empedrando los ojos y la piel. Procesión de las ánimas. Fragua de sueños y de huellas. Garantía de origen.

A los pies, toda mansedumbre, se tiende la alimaña y simplemente espera.

Me hacen más falta tus cartas
que la propia vida mía...
Y aunque sean tonterías,
escríbeme, escríbeme...

Las cartas guardan voces, reconstruyen en su blanca textura todas las directrices de la sangre. Permutan el olvido por un rumor de sílabas que avivan la memoria y conocen cualquier encrucijada del regreso. Las letras y las firmas, como pequeñas larvas, procuran soportar las intemperies. Sucede, algunas veces, que salen del papel como una hilera de procesionarias y escuecen y levantan una erupción de fuego en todos los recuerdos sumergidos. Y así, las cartas con sus tildes; los acentos; las diéresis; los puntos; los puntos suspensivos; con sus comas... nos brindan su lectura de otros días e inundan nuestro ahora con los abiertos signos de la interrogación.

Recuérdame, que recordar
es volver a vivir
el tiempo que se fue;
recuérdame...

A Ernestina de Champourcin

Tardes con Ernestina. En el carrito, las dos tazas de té. Desde su verticalidad de fósil, sus lenguaraces manos cuentan historias de poetas. En su niñez leía a Rilke, Browning, Baudelaire y otros en inglés y francés, y fue educada en el dulce rigor de respetarlo todo. Y es así que cuando burlona, irónica o dolida comenta los prostíbulos poéticos jamás pierde el respeto a la persona. La memoria y el tiempo están tras los cristales de sus gafas. Pertenece, lo dijo Juan Ramón, a la generación del 27, pero ha vivido siempre al hilo de las tablas. Ama la poesía pura.

Ernestina es aquí solamente un nombre. Es un ejemplo vivo de memoria: memoria creativa, poética, de historia, de exilio. Memoria de su tiempo. De intemperie, de amor... La memoria es el alma. Es lo que nunca muere. Jamás una memoria tuvo lápida.

Sombras nada más
acariciando mis manos.
Sombras nada más
entre mi amor y tu amor.

Nos rodean las sombras como ramos oscuros. En las blancas paredes se cuelgan como máscaras y se adhieren con levedad de pluma a la sedienta piel. A estas sombras amamos y nos siguen amando. Sobre los terciopelos reclinan sus cabezas que fueron. Agitan los corimbos de sus manos sin tacto y acarician los muebles, el reloj, las cortinas... Miran todas las fotos. Tal vez las más antiguas les descubran sus rostros. Y en el rápido brillo de un zafiro en mi dedo reencuentren el amor. No hay huecos en la casa. No hay vacíos. Estas sombras son cómplices de genéticos ríos. Nos aman. Las amamos. Seré sombra algún día... y amaré lo que amo.

Espérame en el cielo, corazón,
si es que te vas primero...

Morir. Tal vez morir no cueste tanto. Costará renunciar a la palabra, vestirla de silencio, amortajarla bajo un montón de rosas frías, ciegas, estériles y mudas. De entre la oscura lengua lanzaremos el último sonido y encaramado al labio quedará abandonado tan sólo un nombre o una palabra. Sobre la piel un viento ebrio arrastrará lo que quede de voz hasta ese nuevo mapa de la ciudad de las voces. Voces que como pájaros eternos elevarán sus vuelos siempre, siempre... y toda la importancia del paisaje recaerá en la palabra.

Tal vez en ese mapa habrá un oasis en donde las ya cansadas voces de poetas encuentren un remanso de paz para su fuego. Y sin reptar levantarán de las ciénagas sus gargantas, alfar ante las torvas, incrédulas y secas gargantas de los otros.

Tendremos los poetas un cielo de palabras.

ÍNDICE

Pág.

Este libro se terminó de imprimir el día 18 de
Enero, festividad de Santa Beatriz,
en los talleres de Gráficas
DEHON, Torrejón de
Ardoz (Madrid)